JN410127

목련제

국립중앙도서관 출판예정도서목록(CIP)

목련제 : 이재하 시집 / 글쓴이: 이재하. -- 서울 : 북랜드, 2018
p. 136 ; 13×21cm -- (형상시인선 ; 21)

ISBN 978-89-7787-809-0 03810 : ₩10000

한국 현대시[韓國現代詩]

811.7-KDC6
895.715-DDC23 CIP2018029106

형상시인선 21 이재하 시집

목련제

인쇄| 2018년 9월 15일
발행| 2018년 9월 20일

글쓴이| 이재하
펴낸이| 장호병
펴낸곳| 북랜드
06252 서울 강남구 강남대로 320 황화빌딩 1108호
대표전화 (02) 732-4574 | (053) 252-9114
팩시밀리 (02) 734-4574 | (053) 252-9334

등 록 일| 1999년 11월 11일
등록번호| 제13-615호
홈페이지| www.bookland.co.kr
이-메 일| bookland@hanmail.net

책임편집| 김인옥
교 열| 배성숙 전은경

ISBN 978-89-7787-809-9 03810
값 10,000 원

형상시인선 21

목련제

이재하 시집

북랜드

시인의 말

불혹을 지나 혹 하나 달고 싶어 하늘 향해 돌멩이를 던졌다
되돌아오는 돌에 이마가 찢어졌다
흥건히 피 흘리는 언어의 속살을 보고 싶다

아직 노을을 보면…
베토벤의 세 번째 유서 같은 시를 쓰고 싶다

나, 언젠가 돌아가
위수강변 모래무지같이 꿈틀꿈틀 기어가는 시를 쓰고 싶다

2018년 가을
이 재 하

차례

2부 보쌈, 그 엉뚱한

3부 하늘정원

4부 노을에 묻다

1부

사랑, 오래된

가을

한 여자 울며 가는

흰 신작로에

강아지 꼬리가 촐랑촐랑 따라간다

햇빛은 허겁지겁

그 뒤를 따르고

어머니

동구 밖 묏등에서
따라온 보름달

밤중 고향 집
마당에 내려선다

아직 자지 않고 뭐해?

여기서 너 기다렸지
보름의 보름동안

목련제祭 1

아파트 정원에 미꾸라지 떼 가득하다

이 미꾸라지들은 지난 겨우내 눈과 찬바람을 먹고
초승달 문지른 기러기 날개깃도 삼켰는지
살이 부드럽고 뼈가 무르다

구름과 놀던 물고기들은 밤낮 사랑에 등은 젖고
푸른 바다처럼 불어난 제 새끼들을
구름 아래로 쏟아내곤 한다

이때 바람은,
물고기들을 말갛게 씻는 비누가 된다

햇빛은 미꾸라지들에게
찬란한 빛깔의 양복을 입혀 준다

미꾸라지들은 옥상에 머리 처박고 떨어져
서로 아우성치다가 다시 뛰어내려
겨우 턱걸이하는 꽃망울
반만 벌린 꽃술로 정액처럼 흘러든다

>

왕성한 성욕이다, 봄비는
꿈틀꿈틀 기어가는 미꾸라지

푸르스름한 꽃의 자궁 속에
검은 알 무수히 슬어놓는다

어떤 이별

저 이제 떠납니다
삼십 년 이 동네에서 행복했습니다
— 제주통도야지 주인 김 아무개 드림

출근길 내 운전대에서 단골식당 폐업 현수막이 뒤뚱거렸다
구공탄 화덕 위 통도야지 목살을 올려놓을 때마다
김 아무개는 서귀포 앞바다가 출렁인다 했다
차귀도 뱃고동 소리 끌어당겨 자글자글 삼겹살을 굽는다 했다
마누라와 삭신이 으스러지도록 싸우고 온 날에는 용바위 해안선 울음으로
벽면을 칠갑하고, 성산 노을 같은 창을 열었다는 김 아무개 주방장 그 식당
이제, 어디로 갔을까
이 골목 구석구석 통통 연기 피워, 돈 벌고, 애 낳아 출가시킨
잿빛 일기장 끝 페이지를 유서처럼 남기고

저! 이제 떠납니다
콧물 매캐한 하늘을 팔십 년을 견디고도
행복한 시 한 줄 남기지 못해 죄송합니다
— 범어천로 200길 이 아무개 드림

나비의자

의자 하나가 퇴행성관절염을 부풀린다

발바닥은 옹이처럼 닳아도, 여태
조선 오백 년 승정원일기의 얼룩처럼 남아 있는 솔의 향기
담장 넘어온 나비 내려앉자 팔걸이 솔기가 움찔한다

안팎을 넘나들었을 날개는 무너질 듯
담의 경계를 허물어 버리고 싶었을까

꽃을 찾아 날았던 영광의 기록도
장렬한 최후를 위해 치마 속에 감춰둔
끝 벼린 비녀의 추억도 버린 듯,
둥글게 앙다문 저 입술의 묵상

늘 아득함을 참아낸 세 발의 추억도 있지만
그것은 참을 수 없는 애벌레 적의 기록

칠 벗긴 나이테 마디를 안고
일그러진 나비골반 어머니, 탈색되고 있다

깜빡깜빡 신호등

1.

왜 그땐 노란불에 깜빡깜빡
반음의 경고음이 섞인 것을 몰랐을까

은행 알 탱글탱글 주머니 속 만지작거리며
싱싱 달리는 가로수 아래, 넌
내 삶의 첫 빨간불이었어

파도 소리 꿈꾸었던 네 옥탑방
마천루처럼 높아만 갔고
손바닥 방 안에 찰랑찰랑 다 채우지 못했지

깜빡깜빡 점멸의 눈빛에 우린, 늘
번지점프를 하고 싶었지
너를 안고 훨훨 날아올라
둥지에 알 낳아 밤과 낮 바꾸어
알을 굴리고 싶어했지

나, 오늘 우연히
스무 살 정지선에 서고야 말았어

2.
차갑게 내리는 눈송이 이마에 얹은 그 옥상
나는 아직 빨강으로 타고 있어도
푸른 신호등 네 마지막 한 칸은 흐느낌일 거야

그 짧은 컬러링
삼십 초 동안에도 네 피아노 소리 들려왔어
함께 밟고 간 흰 건반 알 깨는 소리 따라가면
삼십 년을 폴짝폴짝, 검고 알록달록한
옛 징검다리를 건너뛸 수 있을까

창문은 이제 하늘로 키를 재는 시절
마주 보며 질주하는 상향등 불빛
눈뜰 수 없었던 첫 충돌 그때처럼
온통 푸른색으로 마주친 걸까

프레스토 안단테 라르고 프레스토
모차르트 컬러링이 뒤죽박죽 길은 다시 뒤뚱거렸지

아직도 그 옥상에
장미 닮은 빨강 눈꽃
피어나고 있다고 말해주겠니?

개복숭나무

밭고랑 끝 복숭나무 그녀, 늘 혼자였다

자기 이름 언문으로 쓸 즈음
제 아비를 원망하며 마을 사람들을 떠나왔다

원래 계집은 족보가 없다며
그냥 푸르딩딩 익어가라 했지만
까칠까칠 비비대는 총각 바람에
다리 사이 송송한 털을 밤중에 키웠다

그녀 씨방 안에는 밤의 수액을 타고 애벌레들이
달빛 길 따라 슬금슬금 기어 나오곤 했다

동네 처녀들 정오의 외출
둥둥 구름 종아리 걷어올리는 울음은
무논 개구리 눈알을 닮았다

외딴 태양의 입술이 함몰된 연둣빛 유두를 훔쳐갔고
몇 번 눈물꽃 피우고 나서야
떡개구리 얼굴에도 희미한 선홍빛이 돌았다

>

새벽부터 컹컹 목쉰 소리가 고랑 사이로 흘렀다

그녀의 삶 반경이란, 둥치에 묶여진 고릿줄의 개

고향을 떠난 사람들 막힌 귀에도
가끔 분홍울음으로 들려오는

호미곶

말들의 파고에 지치고 밀려
오늘, 나는 구룡포로 간다

사는 게 뭘까?
마음 흔들려도

하늘 향해 손바닥 하나 밀어 올리는 일,

파도가 흔들고, 흔들어도
저 바다는 소이부답

눈을 감네

황소

아득한, 초등학교 여름 방학

마을 앞 방천 둑에서
늙은 황소 종일 풀 뜯기고
벌렁벌렁 시냇물 먹어 출렁거리는
잔등에 올라 집에 오면

마당에서 코뚜레 잡고
번쩍 내려주시던 아버지
우리 집 황소처럼
빙그레 웃으셨다

나는 소털 묻은 손으로
흰옷 입은 늙은 황소를
왈칵 껴안았고

어머니별

어떤 친구는 죽어서
천당 가겠다 하고
다른 한 친구는 극락 가겠다 하지만

나는 죽어서
고초 당초 빛나는
은하수 치마폭 찾아가리라

어무이—
저, 이제 돌아왔심더
시린 발끝 동동
울먹임이 당기는 문고리

가장 글썽이는
그 별

사랑, 오래된

고향 언덕 푸른 나무 아래서였지요
우리 처음 만난 그때
난, 당신 장미꽃 원피스에
푸른 잎을 달아주려는 버드나무였지요

바람에 무척 일렁여도 보았지요
당신 흔들리는 마음인 양
치마 속 장미꽃을 힐끗힐끗 훔쳐보았던 것이
지금껏 사내를 조갈증 앓게 했지요

결국 당신 우물가
물 한 바가지를 덮어쓰고야 말았지요

지금은 당신과 내가 서로 다른 나무를 심고
가끔 그 우물가를 찾아가 옛 고사를 떠올렸죠
치마 속에 심은 장미꽃이
물 위로 떠오를까 기다리면서요

그 푸르렀던 옛 우물에
쪽박 가득 떠오른 흰 달덩이가
내어놓을 수 있었던 당신, 신표였나요?

돌아오지 않는 사람들

떠나는 당신 손에
촉 넓은 한 필 그물을 쥐어드립니다
눈빛 사나운 돌고래 겨누던 작살은
이제 내려놓으시고, 목선의 노를 잡으세요
창끝에 포효하던 고래의 울음도 멎었는지
오늘은 파도의 격랑도 누워 있습니다
먼 바람의 눈물인 양 물결만 흐릅니다
그 하늘 수평선 너머에는
고래도, 파도도 없다지요
당신 그물을 그곳에 던지세요
새벽을 지나고
물빛 저녁도 건너가세요
호수처럼 푸른 초원에 그물을 펼치세요
피어오르는 꽃과 바람과 새들을
촘촘히 가두어 두세요
내일의 내일을 만나거든, 더욱
뒤돌아보지는 마세요
두고 간 작살 다시 잡은 우리는
돌아올 수 없다는 걸 알지만
떠날 때 쥐어준 삶의 그물을 당신인 양

촘촘히, 촘촘히 펼쳐두렵니다
오늘의 파도 위에 삼백네 송이의 붉은 장미를
우리는 또박또박 심어 놓겠습니다

형제
—아우에게

미안하다
다리 하나 잃어버린 아우야

철공소 문짝에 빗장노을이 걸린 그날 이후
아버지 사주신 자전거는 비틀거렸고
너를 내려놓아 가벼워진 나는
너무 멀리 앞바퀴만 굴러왔구나

나 떠난 뒤 너는
절뚝이며 걸었을 수많은 골목길과
철대문 빗장 불빛 아래 혼자 서성이며
녹슨 네 갈비뼈를 살대로 끼워, 몸으로
온몸으로 굴렀겠구나

"난 괜찮아"
"우리 집안 앞바퀴만 잘 구르면"
네 목소리 짐칸에 싣고
요령 소리만 요란히 달려왔구나

>
저물녘 강물처럼 아버지는
손잡고 앞뒤로 흐르라 했는데
일렁이는 바람모서리도 맞잡으라 했는데

지친 삶의 둑 갈대 곁에
너를 너무 오래 세워만 두었구나
녹슬은 아우야!

사과가 익어가는 것

천둥이 꼭꼭 닫아 건 꽃망울의 창문을
이슬이 열었다네요

벌 나비의 푸른 욕정을
햇빛표 캐시밀론 이불이 둘둘
이때, 바람은 미쳐 버려
온 동네 분홍치마 속을 들쑤셔 놓았다나요

결국, 꿈꾸는 이슬이었나요? 목피를 파고든 차가움이
문을 꼭꼭 걸어 잠갔지요 그리고
여름의 아궁이를 초록이 데우고 또 데웠을지 모르죠

안이 뜨거워진 사과가
바깥까지 붉어지는 것을 깨달을 즈음
문틈으로 밖을 훔쳐본 사과의 눈망울에도
비로소 눈물이 꽃잎 되어 영글었지요

나무가 문을 열어젖히자
울컥! 피 토하며 떨어지는
욕망 하나

파문

빗방울 하나 동해 바다에 떨어졌다고
물고기는 웃지 않는다
딱 그만큼 바다가 높아졌음을 알기에

산새는 나뭇잎 하나
초록에 물들어도 놀라지 않는다
온 산 녹음도 잎 하나에 시작됨을 알기에

겨우내 언 땅 밑 한 톨 보리알이
오뉴월 푸른 하늘을 꿈꾸듯
바위틈 한 촉 돌미역이
태풍 속 수부의 손길 기다리듯

지금 내 설렘 보잘것없이 작지만
뒤돌아보지 않겠다

이 세상 그 어떤 뜨거움도, 처음에는
맨 처음 시작은 다 미지근하였을 테니까

헐렁해질 때까지

K씨가 문지른 발들이
이십오층 하모니카 빌딩 안에 우글거린다

지하로 걸어 내려와 큰 발은 발가락 툭툭 잘려지고
뒷골목 문지르던 그의 칼솜씨는
이제 발바닥도 뒤집어 닦고 있다
한때 건달이었다는 소문에 틈의 먼지들도 덜덜 떨게 하지만

아침이면 그가 몰고 오는
잘 구운 옥수수 냄새에
구석구석 빛나는 하모니카 빌딩

그의 손바닥 낡은 도면에는 이제, 바닥 흙의 색깔과 농도로도
어느 길로 갈 발인지를 짐작하는 모양이다

곰팡이가 슬어 놓은 깔창의 냄새며,
오래 삭여온 고뇌의 무좀도 갈아 끼우고
구두 속 주름 무게에 구름을 채워

함께 딸려온 스트레스의 두께까지 닦아줄 궁리 중이라
하는 그는
잠시 스쳐보는 발 모양만으로도 발 온도까지 알고 있겠다

아버지 새로 산 큰 신발 몰래 신고
나도 한때 헐렁한 하늘의 별들 훔쳐보았듯

간밤 하수구에 흐르던 별을 건져, 거리의 노린내도
닦고 싶다는, 하오의 K씨
겅중겅중 햇빛 계단을 오르고 있다

여인숙

철골 멈칫한 하늘에
보름달이 떠올랐다

한 달 치 깊이가 더 푸르니
너도 추운 모양이다

저 푸른 들판에 온돌방 하나쯤 들여야겠다

닳은 난간을 한 계단 한 계단 뒷걸음으로 오르면
달의 발자국도 보이겠지

오늘은 저 달방에
언 몸 뉘고 싶다

2부

보쌈, 그 엉뚱한

매일매일 구멍들

변기에 앉아 하루를 들여다보면
검은 갯벌이 그립다

내시경 프로포폴 마취제에 깨어나던 목구멍처럼
부력이 밀어 올리는 아침에는 안개의 내장을 휘젓고
싶다

해파리가 떠다니는 거리
느림이 이동시키던 내 꿈의 행보,
먼지들 청소기에 빨려들 듯
조개는 복개된 구멍으로 흘러든다

햇살이 두들기는 책상 위 걸터앉으면 날카로운
그녀 목소리도 당겨낸다

벽과 벽, 소리 사이에도 부풀고 있는 구멍들,
내장 끝 허기 밀려드는 정오엔 온기 빠져나올 자판기
앞에 선다

벌집의 도시는 더 뜨거워질 것이다

>

기억 속 갯벌 구멍에 들고 싶은 나,
먹구름 도시 하늘에서 물빛 구멍을 찾다니!
매일 구름 구멍을 나와 벌름거리는 아가미로
벌건 수초 앞에서 서성였다니!
동반한 속 쓰라림은 어쩌면 당연한 것
떠밀려 흘러드는 지하도 입구에서도
조개는 늘 두리번거려야 했던 것

혹, 저 내려가는 계단에 그물은 없는지
혀 적셔주던 파도 자락이
매일매일 그립다

시애틀 추장님께

마늘 쑥 몇 접 두르고
석 달 열흘 버티던 곰의 울타리 찾아
로키산맥 기슭 넘어온 구름이 반도의 산하를 지나가네요

마른 채 세워둔 야생화 겨울, 얼룩진 물소리에 귀 대고 있어요

검은 머리칼 얼굴 붉은 추장님!
발 디딜 때마다 단풍은 대청봉 꼭대기를 넘어 시린 백록에 날리고
새소리 닮은 나뭇잎 창공은 인디어語 편지로 번지네요

침엽의 군락 아래 낙엽 몇 잎에도 흰 곰 눈물에는 눈곱 묻어 있어
오렌지꽃 흰 폭포 쏟아붓나요

해란의 일송정 소나무 아래 새벽이면 떠도는 광야의 노래
별빛 지팡이로 툭툭 건드리는 추장님

>

더 넓은 북쪽 길, 따뜻한 남쪽 길
우리 헤어지던 그 까마득한 하늘길에 푸른 반점 엉덩이 걸어 두었나요

아직 코끝에 마늘 향 추억 남아 있다면 언 가슴 우리 다시 부둥켜안아요
한라, 장백의 겨울 잔설 녹아내리도록

고해소 목욕탕

구름 종소리 피워 올리는
고해소 꽃밭은 문전성시다
빨간 지붕 안에는
죄의 값도 바겐세일 중인지
아카시아꽃 천국 가는 길 환하도록
왕벌의 신부님도 한 분 더 모셔왔다
황사를 타고 건너온 마피아 팔뚝 칼자국도
이 꽃밭에서 말끔히 용서받았다
꾀죄죄한 눈알이 떼굴떼굴 굴러다닐수록
죄를 사하느라 신나는 신부님
벌린 꽃술 속 알 훔쳐보는 관음증
그 죄는 누가 사해주는지는 아무도 모른다
늦봄을 배달 간 호랑나비께 괴발개발 고함친
자장면 목구멍을 용서할 때는
욕망의 이끼까지 뽑혀 버렸다
삶의 날갯짓이 무거울수록 죄 죄 하며 몸통 뉘였던
탐욕의 껍질 즐비한 성소 안
죄 많은 거시기도 꽃잎 세례에 고개 숙인다
한 달 치 죗값이 사천오백 원이면 너무 싸다며
아버지도 아들도 소문 접한 변 씨 아저씨도

꽃대 같은 거시기 흔들거리며, 다시
고해소 창틀을 넘어선다

이제는 아무도 무섭지 않다
하느님 말고는

삼월에 온 크리스마스

삼월에 내린 폭설이 성당의 종탑을 흔들어
종소리 크게 울렸다

떠나는 자식에게 미투리 몇 켤레 걸망에 달아주듯
황소 눈알 닮은 쇠죽솥 온기는
하루 내내 담장 너머를 기웃거렸다

고향 집 마당가 어머니 주름 이마가 더 넓어졌다
솜옷 한 벌 내어주시며 흙 묻은 삶을 가리라 하신다

삼월 폭설에도
무너진 담장 같은 당신 삶이란
언 땅 밑 검은 촉 하나 감추는 일

헌 흙벽에 걸린 호밋자루의 상처 하나 더 그어졌다

언 쇠의 손잡이란 먹구름 사이로
핼쑥한 얼굴 내미는 일일까
철골 같은 냉기를 보듬고 푸른 물빛이 몸통까지 물들었다

행복한 순간에도 결국 긴 이별을 생각하며
내 가슴 난간에도 불쑥 찾아온 네 편지로
펑펑 흰 눈을 종일 쏟아부었다

삼월에 들려온 크리스마스 캐럴!
지난겨울 다 채우지 못한 선물인 양
내 마늘밭 어지러운 파랑새 발자국을
덮어주고 있는

보쌈, 그 엉뚱한

흰 국화 늘어선 빈소 앞에서
문상의 발들이 빠져나간 신발들
그늘의 상처를 본 적이 있다

마지막 염을 마친 흰 발가락
꽁꽁 묶인 이승의 바닥 하직하듯
겨우 빠져나온 긴 동굴의 자루에서
비명의 박쥐울음을 듣는다

그때 난, 젖어 있던 그늘들을 몽땅 거두어
마을 앞 양지바른 소나무 가지 끝에 층층이 걸어두고
싶었다

목 죄던 끈들도 그날은 풀어주고
늘 어둡게 젖어 있던 안쪽
참새 소리 버무린 햇살을 밀어 넣고 싶었다

자루 속 알들이 자글자글 데워지는 동안
제의를 마친 발들은 울상 짓겠지만
부화되어 날아오를 것 같은 내 등에 짊어진 신발들

오뉴월 마른 온기를 느껴보리라

볕들지 못하는 더 안쪽의 엄지는, 구룡포
싱싱한 파도 소리를 꼭꼭 채울 것이다

아린 무좀 발가락 틈 사이사이 따끈따끈 데워진 해수욕장 몽돌들
채곡채곡 넣어 둘러메고 돌아와
문상객 울상 짓는 눈빛에 풀어놓으면
갓 부화된 어린 갈매기 울음이 들리지 않을까

나의, 당신의 긴 자루에도

석공

바위의 단단함은
용암 밀어낸 흙의 고통에서 왔다

정釘을 들기 전 그는 잠시
등뼈만 남기고 사라진 네안데르탈인의 마지막 눈빛을
회상하곤 한다

혹 남아있을 숨결까지 다치지 않게
천천히 사각 표면에 한 획을 그었다
바위의 울음 위 첫 설계도 먹물을 튕기었다

돌의 파편이 쌓여감에 따라
희미한 흙의 누선淚線이 보이곤 했다

처음 정을 쥐어주며 노련한 석공이 되기를 바랐던
아비의 오랜 염원을 생각할 땐,
수천 년 견디어 온 돌들의 부속도면을 떠올린다

지문이 굳어감에 따라 돌의 울음이 쇄골까지 흔들었다
수평을 다듬어 수직의 연대를 세울 수 있는

노련한 석공의 길이 보였다, 비로소
돌의 마지막 도면까지 깨뜨려 버렸다

물결 거슬러 오르는 은빛 지느러미로
물금 석축을 쌓았던 그는, 이제
어느 시인 망부석을 고양이 털빛 무늬로 빚기도,
바위에 꽃을 심어 날뛰는 염소 고삐를
틀어쥘 수도 있겠다

점점 깊어지는 손바닥 누선에 얼핏
숨 헐떡이는 네안데르탈인의
슬픈 뒷모습이 비친다

은퇴한 숲

숲, 파계한 스님은 아랫도리 젖은
달빛과 밀애를 나눈다

한 이불 속 목탁 소리 밀어넣고
솔방울 반찬투정에 햇빛은 얼굴 돌려도
앞집 뒷집 부엌 기둥 기웃거리며
낮은 담도 허물고 살고 싶은 게다

빗 독촉 바람이 우편함 두들겨도
동네 아이들 축구공이 볼기 때려도
저녁노을 혓바닥이 붉은 욕설 퍼부을 즈음
눈먼 새들의 독경 소리에나 귀 세운다

징 소리 태풍에 끙, 스님의 광대뼈는
무대의 막간을 몇 번 바꾸어 주었을 뿐
봄, 여름, 가을 참을 수 없던 바람기는
탱탱한 구름 허벅지마저 더듬는다

잎들 모두 떠나보낸 앙상한 가지 그림자를
저수지 동공에 거꾸로 세워도 놓지만

언제쯤 저 스님은,
팔부능선 서성거리는 눈보라 딛고
참회의 맨발로 산정에 설까

목련제祭 2

젖몸살 나서 누운 그녀,
솜이불 끌어 덮어주는 건 흰 꽃의 따뜻함이다

늘 차가웠던 자궁은 시방 장작불 온기에 덥혔다

통점의 봉긋봉긋한 뒷장을 넘기며
허리 휜 늙은 바람은
문밖에서 얼마나 글썽였던가

이때, 달빛은 친정 언니다
부풀어 오른 자궁에 양수 터지고
고통의 함성조차 지를 수 없었던 새벽까지
아린 가슴 겹겹 무명천 사랑으로 감싸준 것은
항상 늙은 그녀였다

흰 얼굴 반쯤 밀어낸 해산달 젖가슴에
구름에 가려 있던 새벽달 솟구쳐
모유를 빨고 있는 푸른 미꾸라지들

지친 바람이 다독이던 자궁에서
핏덩이 태반 하나
툭, 떨어진다

송골매 1

늙은 송골매는
눈꼬리에 고인 적막으로
새끼의 깃을 단련합니다

골짜기는 목울대 쉰 메아리가 돌아 나오고
떠밀고 되받아주는 비행
짐승을 무서워한 아이는
호롱불 밑 이불 속에서 긴 밤의 등뼈 태우다
새벽 봇도랑 물소리에 선잠 듭니다

사는 일은
울음으로 삭풍 앞에 늘 두 발 세우는 것

지난밤 꿈에 당신은
천 길 낭떠러지로 떨어지는 나를
바람보다 빠른 속력으로 낚아채 주었지요
그때 당신의 흰 날갯죽지 깃털 듬성한 맨살에는
생의 기침이 낙화처럼 부푸는 거였습니다

뒷모습 흐린 아비 새의 고단한 날갯짓이
강 하구 모래톱을 문지르고 갑니다

송골매 2

눈곱에 희미해진 내 눈알을 뽑아
절벽 틈 소나무 가지에 걸어 두고 싶네요

창공에 찍힌 혈흔에서 새들의 비명소리 움찔하면
확, 세상이 밝아질까요

어머니 자궁 탯줄의 비명이
내 심장의 첫 박동을 잠시 쓰다듬고 나서야
아침이 참 환하게 밝아왔듯
부리의 핏빛이 붉어질수록 눈망울 투명해진다나요

날아오른 날개의 깊이보다, 더 푸른 지상의
맨 처음 어린 눈들
당신은 보여줄 것 같기도 합니다

산봉우리 노을에 빗장이 걸리기 전
닳은 부리로 하늘 심장 한 번 더 쪼아 보면 안 될까요

당신의 조장鳥葬에 내 한쪽 눈알마저 바칠게요

껍질

요 며칠 머물다간 몸살에
두릅나무 내 등 뒤에 부스럼이 생겼다

더럭더럭 붙어 있는 등뼈의 각질
밤중에 손 돌려 만져보면 검은 염소의 뿔 같다

삭풍의 칼날에도 굴한 적 없이
몸뚱이는 상처의 각질이 밀어낸 가시로
우듬지를 부풀리기도 했는데
쪼아대는 햇살에 틈을 열어두어도
새들은 날아들지 않았다

칠흑 같은 내 아랫도리에서
어린 땅거미들 젖구 빻는 밤이면
나도 별을 세며 새벽까지 몸을 비틀었다

가끔 늦은 밤 문 열고 들어서면
저, 방 안쪽 내 그림자가 키워낸 어린 개미들
뿔의 싹이 조금씩 돋는 것 보일 때도 있었다

>
다리 사이 물관의 감각은 점점 굳어갔고
마음은 문안에 가둔 채
껍질인 나는, 항상 그림자 바깥을 서성거렸다

배꽃의 변명

허리 잘록한 처녀들이
배밭 한가운데에서
아랫도리 벗겨진 채로 당했다는 소문이
불국사 아래 파다하게 번졌다

늙은 농부는
스무 해 전 정관 수술한 곡괭이 힘만 믿고
아무도 없는 야밤에 쳐들어가
처녀막 사이사이 삽이며 곡괭이 짓으로
달의 씨앗을 밤새 심어 놓았는지
아무도 모른다

남산골 뒹굴던 미륵불 젖빛이
골바람 수유에 부풀어 오를 즈음
내 스스로 가랑이 벌렸다면, 내년 봄
이차돈이 흘린 순교의 흰 핏빛으로
저 토함산 자락을 강물처럼 물결치겠다는
매운 소문이 풍경소리에 흩어졌다

저놈들은 모두 늙은 농부의 씨앗인지

순교자의 환생인지
흰 핏물 가득 출렁이는 봄의 가랑이 사이로
달의 아기들이 내미는 콩알 얼굴들

씨앗 출생을 다 아는 듯 서쪽으로 고개 돌리는
아랫도리 잘린 남산 미륵불
눈빛이 붉다

낙타

아직 혹 하나 달지 못한 불혹에 집으로 데려온 낙타는
늙어 있었다

오늘도 아내는 산부인과에 다녀와
물주머니 하나 찾았다며 웃는 걸 보니
오래 전 혹 하나쯤 키워 온 모양이다

부르튼 발바닥 내어 보이는 나의 낙타는
제 등의 혹에서 바람 소리만 들린다 한다

별빛 기둥만큼이나 상쾌해지리라 믿었던 사막 이야기
그가 걸어온 길보다 훨씬 깊은 등허리의 등고선은
젖어 탱탱한 그녀 유두인 양, 밤중
화들짝 나의 욕망을 깨웠다

덧칠 흔적에 스스로 자란 전갈들이
흰 혹 하나 풀어 벽을 기어올랐다
또 다른 혹에서 달을 겁탈한 어느 순례자의
사생아들이 기어 나왔다
버리고 간 고장 난 나침판과 지팡이로

벽을 두들겨도, 잠결에도 혹을 지고 걸음을 옮기는 낙타는
저 뾰족한 욕망의 부력을 지렛대로 지평선 너머까지
혹의 높이를 더 키울 모양이다

돈키호테 같은 빛의 만용인가, 아침이 되자 그는
달콤한 수맥을 더듬듯 벌름거리는 콧등

나의 굴욕은
너의 혹으로 다시 시작되었다

구름구두

닦으려 벗어놓은 구두는
강물에 떠밀려 온 조각배
한 조각 구름이 닦으려 하자
강물 너머 초원으로 가자 한다

갓 어금니 돋은 누들이 뜯고 있는 풀밭
물결 출렁이듯 내달리면
저승의 아버지 손바닥에 박힌
굳은살도 이제 말랑해지기 시작할까

아버지 움켜쥔 손바닥에서는, 아직도
긴 강물은 흘러나와 또 나룻배를 띄우겠지

가보지 못한 광활한 초원이
구두코에서 반질반질 빛날 때쯤
나, 길게 듣는 누 떼 울음소리

함께 빗길 흙탕물 밟아오면서
한 사람 구름의 속을
누가 그렇게 파먹었는지, 당신은

노가 닿지 않는 텅 빈 나룻배

구름의 눈에는, 아직
발등 간질간질해질 때까지
구석구석 닦아야 할 먼지투성이

새벽

새벽 산길 오르다가
앞서간 발자국들 만났습니다

새벽을 남겨두고 간 자국들
발을 꼭꼭 맞추며 걸어 보았습니다

산짐승의 발자국이
발에 가장 잘 맞았습니다

내려오며 내 발자국은
지워 버렸습니다

3부

하늘정원

비명, 마지막 끈의

할머니 한 분 동강 난 끄나풀을 이어가며
흩어진 폐지를 묶고 있다

걸어온 길들, 고래심줄처럼 질겨졌겠다
북비산동 구석진 골목
단단히 묶여 있던 긴 매듭의 여백을
할머니는 주름으로 풀어내고 있다

바퀴 찌그러진 리어카 위에는
싸울 힘 무게까지 접은 헌 신문지
더 속 보여줄 것 없는 페트병이며
늘 부채負債로 버려지는 이 골목 가계부들이
꽁꽁 묶어줄 노끈을 기다리고 있다

요긴했던 제 용도 다 쏟아내어 놓고
자투리 같은 희망이라도 함께 엮자며
햇살로 꼰 노끈 서로 잡고 있는 폐지들

저 끈 놓는 날이
이 골목과의 인연도 분리 수거될 때임을 잘 아는지
할머니 손등이 파랗게 떨린다

>
층층 묶인 가슴뼈 밑도 비늘처럼 미끌리겠다

어느 야산 참나무에 목 맨 가장家長이
올가미 벗으려 발악하듯 당겼을 그만큼
부여잡고 비트는 끈의 마지막 비명이
흰 머리카락에서 쩡그렁, 들린다

저런! 쇳소리가 자라고 있었다니!
내가 그 끈을 슬금슬금 잡아당기자
골목 안 곳곳에 숨어있던 놀란 끈들이
땀 흘리며 모두 끌려 나왔다

쩍쩍 갈라져 드러누운 골목 바닥에
자기 비명 한 됫박 감춘 치마폭이
구름의 수레를 끌고 있다

마네킹, 기억을 도둑맞다

튼 뱃살 덮은 푸른 잎 느티나무가
옷 벗은 아내의 터진 옆구리를 엿본다

벗을수록 예쁜 사람도 있지만
밥알 돌돌 만 김밥처럼
감출 때가 더 맛깔스럽기도 하다고
나무는 혼잣말을 구름 위에 얹는 모양이다

도로변 쇼윈도 벗겨진 마네킹을 창문 너머 훔쳐보다가
팔등신 기억을 도둑맞는 느티나무
갓등 아래 말라가고 있는 새순 자리
그녀의 비틀린 유두가 물오르던 상상까지 훔쳐내고 말았다

병상의 어머니
배설한 아랫도리를 씻던 기억이
뒤통수 후려쳐 쓰러질 뻔도 했다

단골 이용소 그녀에게 가슴에 난 흰 털을 염색하며
깊이 감추어진 털끝에 옷 입히던 내가
도둑놈이라는 생각이 얼핏 스쳐갔다

>
말랑말랑한 잎의 그녀 안고 뒹굴려는 욕망
며칠 푹푹 더 훔쳐 먹고 싶은 갈증이
마네킹까지 넘보던 생각의 누범을 키운 걸까

가슴 털 숭숭한 가을 느티나무는
난로가 달구어 들썩이는 주전자 뚜껑 같다

함부로 속 들여다볼 수 없는 긴 울림이
감추어진 도벽을 훔치고 있는

우리 집 전기 처음 들어오던 날
— 송찬호 시를 읽고

이슬 젖은 달빛으로 두들기는 한밤 보리타작

탈탈탈 탈곡기 소리 툇마루 기둥 흔들어도
보리 북데기 뒤집어쓰고 털털털 웃으시는 아버지
까칠까칠 찔러오는 상처까지 잊은 채
찢어진 러닝셔츠 툴툴 털어내며, 올해는
비룟값 건지고도 얼추 남겠다며 또 웃으셨다

하루살이 소복한 알전구 아래 어머니는
부엌 무쇠솥 열고 아버지 불알보다 더 큰 감자를
굵은 젓가락으로 푹푹 찔러보며
찌든 얼굴에도 찌르르 전류가 흘렀다

담장에 올라탄 박같이 흰 젖통 스무 살 누나는 이제
우물가에서 등목 더 이상 하지 않았다

열세 살 까까머리 나는 더 좋아라 봉창 별빛으로 문고리 잠그고
오 촉 눈알 끼리끼리 반짝이며 한 판에 이십 원 건빵 한 봉지

섰다!판 벌였다

새벽까지 졸린 눈빛이던
봉당 아래 봉선화 꽃밭 이백 촉 전등이 처마에 걸리자
갑자기 저희끼리 호들갑이다

귀향

햇빛 속으로
사과 하나 툭 떨어지는
한 칸 집 언덕에 짓고 싶다

지난 봄날 산불에
반쯤 탄 나무로 기둥 세우고
천정은 좀 메케해도 괜찮겠다

어둠 으깨어 벽 바른
너덜한 방에 누워 있으면
더 이상 부끄러워질 것 없는 바람 불어
침묵 속으로 걸어 들어오는 별들

그 집 앞에는
지친 물새 쉬어가도 좋겠다
검은 강물이라도 흘러들면 더 좋겠다

지난여름은 햇빛 속에 텀벙이다가
여물어가는 벼이삭 지켜보다가
무말랭이 마당 가득 펼쳐둔 배경에

나, 이제 작은 반딧불 되면 좋겠다

떨어진 사과즙 한 모금 물고
귀뚜라미 그녀 울음 달래주고 살아가는

자벌레

자벌레 한 마리 밤새 자란 나뭇가지를
몸으로 재고 있다

꽁무니를 머리에 한번 박고 길게 누우며
배 아래 감춘 여덟 개 푸른 발
상수리 나뭇잎 둘레를 정확히 알고 있다

달빛 기울면 가끔은 큰 부리 홍학 목 길이도 재고
왜가리 다리, 까투리 꽁지 길이도 재곤 한다

한번은 꾀꼬리 노랫소리도 잴 수 있다는 장담에
한 곡조 흐드러지게 뽑아내고는
얼마야? 하는 꾀꼬리 독촉에 오백 그램,이라고
외치고 나뭇잎 뒤로 도망친 적도 있다

하루를 재어 머무를 때와 떠나야 할 때를
정확히 알고 있는 너를 보면
오늘을 허투로 살아온 내가 부끄럽다

사랑의 인사

일요일 아침, 엘가도 엘리스도
내 품안에서 눈을 감는다

조선의 1890년쯤이면
상투를 자르느니 내 목을 내어놓겠다는
신출귀몰 신돌석이 산 위에서 두 손 흔들며
한양으로 압송되는 녹두장군에게
우리 살아서 다시 만나자며 전송하던
그때쯤이겠다

안개 자욱한 런던 변두리,
삐걱거리는 목조 이층계단을 올라
엘리스는 처음 엘가를 만났으리
이때 엘가는 구멍 숭숭한 외투를 입고
이빨 몇 개 빠진 피아노 건반 두드리며
테두리 모자, 가는 허리에 진주 박힌 레이스 두르고
눈 내리듯 올라오는 그녀를 보고도
그냥 그대로 피아노만 치고 있었으리
그러나 외투 닳은 깃 사이로
칼날처럼 빛나는 눈빛을 본 엘리스는
내가 저 사내를 이 낡은 피아노 위에

일으켜 세우리라 마음먹었으리

조선 땅 어떤 여인이 병든 지아비 살리려고
허벅지 살 도려내고 그 선지피 뚝뚝 먹여
제 사내 살려냈던 것처럼
엘리스는 엘가를 일으켜 세우기 위해
장미드레스 속 활짝 핀 제 생의 흰 허벅지에
선지 같은 눈물꽃을 뚝뚝 흘렸으리
그녀 드레스에 맨 처음 핀 장미는
몇 번이나 시들다 피어나고 또 떨어졌으리

엘가는 당신 아침 화단을
날마다 이 음악으로 깨워주겠다고 청혼했으리
그녀의 뜨거움이 이름조차 시든 그를
장미꽃 지천으로 피고 그 꽃잎 닮은 여왕이
신사들 다스리는 나라의 대작곡가로 키웠으니
그의 위풍당당한 사랑의 행진곡
트럼펫 소리, 해협을 건너
세상의 장미화원들을 붉게 물들였으리

평생 그녀 잠든 아침을

이 사랑의 마중물로 쏟아부은 사내,
늘 처음 만난 그날 장미 가시를
평생 가슴에 박고 산 이 사내,
그녀 죽자 세상의 장미꽃이 다 시들어 버렸다며
십오 년 동안이나 절필하며
그녀 없는 침대 머리맡 약속의 우물 펌프질하다
지치고 지쳐 장미마차를 타고
그녀 곁으로 떠났다는 수염 덥수룩한 사내

애절한 선율이 밀어 올리는
꽃마차 바퀴 소리가 오늘을 길게 흔들어 놓는다
내 첫사랑의 울림인 양
귓속 달팽이관 터널에 흘러드는 아침 햇살,
엘가와 엘리스는 오늘의 우리 집 꽃밭에서도
식지 않는 사랑의 인사를 한다

체념

무성한 잎들이 빗방울 머금다
무거워지면 비로소, 조금씩
조금씩 버리곤 하는 큰 나무들

그 곁의 어린나무는
아직 작은 잎 달지 못해
버릴 줄 모르고 삼키기 급급하다

콩 볶듯 통통 튀는 방울방울을
처음엔 줄기로 받아내다
발바닥까지 젖어
밤중 비탈에 매달렸던 온몸
비틀거린다

지상에 드러난 것 다 적시고
새벽녘에는 결국, 땅 밑 잔뿌리까지
홍건한 눈물

감꽃

새벽 바람 소리가
양철지붕 흔들다 돌아눕는다

봉창에 비친 뒷산 부엉이 울음
내려선 마당
부엌 아궁이에 홀로 타는 청솔가지
밤새 찍힌 오소리 발자국 위
소복소복 덮는 감꽃

밤비에 씻긴 장독대 위에도
흩어지는 저 순백의 침묵
피어오른 물안개를 가른 여명에
후득, 후두득 얇아지는 잠결

이슬 녹아 섞인 차가운 시냇물 같은
초여름 새벽 어머니 물동이에 떨어지다
출렁이며 가슴까지 환하게
밀려왔던 고통, 오래되어 빛바랜

그래서 언제나 흰,

멍에

1.
내 손바닥에 생긴 작은 생채기에서
부푼 송아지 목덜미를 본다

2.
망나니 처음 길들일 때
제 어미 쓰던 멍에와 부리망 씌우고
코뚜레 잡고 무논을 갈면
말랑말랑한 목덜미
흙 갈아엎는 만큼 상처 겹쳐 부풀고
송아지는 앞발 절룩절룩 눈물 뚝뚝
논물 위에 떨어진다

3.
어미 따라다니며 망나니로 살아오다
오늘 처음 씌워진 멍에가 평생 멍에가 된다
목덜미 피고름이 딱지로 겹쳐
굳은살 돋을 때까지 벗지 못하는 걸 아는지
머리 쳐들고 발버둥 쳐도 코뚜레를 잡은
내 손바닥에도 물집이 생기고 또 터진다

4.

송아지 휘잉잉 울음소리에
침묵하는 논개구리들
회색 구름은 급히 서편으로 달려가고
봇도랑엔 물소리만 요동친다

5.

저녁상 물리고
퉁퉁 불은 발꿈치 굳은살
무 썰 듯
칼로 썩둑썩둑 베는 아버지

면麵벽수행

앞에 놓인 칼국수 그릇에서
가야산 성철 스님을 본다

돈오돈수의 칼로 내려치고 싶은 목구멍의 반란

까칠까칠했던 옛 밀밭도 홍두깨에 눌린 반죽처럼
매끄러워지고, 총총 썰어 끓인 면발을 들어올리자
평행선으로 달리던 젓가락 사이로
젊은 날의 치기들이 줄줄이 딸려 나오는 오늘

한 그릇 칼국수를 먹어치우듯
찰기 풀린 허기들도 후루룩 후루룩 비워졌으면

불어터져 꿈틀거리는 남은 내 면발에도
탁, 탁,
내려치고 싶은 죽비

내 친구, 상춘이

뭉텅한 어깨에는 섬진강 매화꽃이 피었다 지고
가슴엔 고목심장이 동굴처럼 깊다

뒤뚱거리는 퇴행성고관절 몸치에
아직 따뜻한 물관 흐르고, 철새들 찾아들어 둥지 틀고,
우듬지 향기를 구름까지 피워 올리는 나무

섬진강 매화는 과수가 아니라 꽃이라 우기는 친구,

재작년 태풍에 가지 몇 부러지고
쏟아진 우박에 자식 같았던 푸른 눈망울들
밭고랑에 생매장한 슬픔도 콧물로 팽개치고
1톤 윙카트럭에 노랗게 익은 새알 가득가득 품고
강과 산등성이를 나비처럼 날아다니는 거목,

삼덕동 언덕에 달 뜨는 저녁이면
빵장수 카페에 아메리카노 몇 잔 시켜놓고
동네 새들을 불러들이는
가슴에 구멍 뻥뻥 뚫린,
어리숙하고 낡은 화물선

저! 매화에 물 주거라
두향이 정조 같은 삶 어깨에 이고
덜컹, 덜커덩 꽃피우는, 거무스름한 나무

하늘정원

지친 염통에
부정맥 꽈리를 달고
새 떼가 사라졌다

망루인 양
솟구친 구름둥지
먼 길 돌아온 새들 절뚝이는 발목에는
두근두근 겨울 이야기들이 편지지로 파닥거렸다

상한 꽃들도
굴레 내려놓는 이곳
달팽이 방 꽃잎에 눈썹달이 떠오르면
간이 처방전 무표정을 밟고
바람은 빈 씨앗을 가을 들판으로 몰아가지만
버짐 핀 노을 귀퉁이는 새들이 서로 쪼았는지
창틀의 미로가 흔들거린다

공중의 침대는
구름 힘줄과 비의 뼈를 꺾었다 펴고
기억의 망치로 빠갠 햇살 무게에

얕은 잠결에도 뒤척이는 푸른 수로

핏자국 흥건한 탱자나무 울타리
하늘병원 간판이
따뜻하다는 것은, 이제
울음이 남아 있지 않다는 증거다

부화되지 못한 새들의 말이 수화로 걸리자
죽지에 핀 성애 빛 겨울 문장은
더 짧고 단단하게 퇴고를 시작한다

봄이 오면
푸른 근육이 수거해간 새 울음에도
새잎이 돋고 눈 내리고 웃음이 내려
이 둥지를 또 덮으리

게으른 구름에 콕콕 노크하는 새들이
지상의 연기 내려다보는 하늘정원

오래된 깃 갈아 끼우는
새들의 심장이 다 비워졌다

숙명

나는 결국
네게로 가는 다리를 건너고

또 하늘의 무지개 건너서

해가 뜰 때마다
생각의 무덤을 지나서

건너온 다리마저 부숴 버렸다

부서진 난간에는
달빛이 쏟아지고 있었다

보름으로 가는 상현이었다

4부

노을에 묻다

달빛사랑

너에게
사랑한다는 말로는
다 담아낼 수 없는 마음을
이슬에 씻은 대소쿠리에 차곡차곡 쌓아
내 창가에 걸어 둔다

사랑한다는 말로는
다 채울 수 없는 그대여
달빛 창문 흔드는 소리 들리거든

아직은 우리가
사랑할 수밖에 없음에 기뻐하는 그대여

명주실 타래처럼 긴긴
달빛 풀어내어 조금씩
더 조금씩 먼 방패연 당기듯

네 문을 열고 내게 깃들어 주기를

간이역

비탈 과수밭은 만발한 사과꽃 터널이다

하늘역에서 출발한 기차는
태우고 온 벌과 나비를
개찰구 마디마디에 내려놓는다

굽은 등 돌려
겨울 지나온 가지는 철길 같아서
지고, 이고 떠났던 피란 행렬이
식구 늘려 어린 것들 무등 태워 돌아온다

참 환한 간이역이다

고목 허리춤도 꽃피운 악착같은 번식,

산다는 것은 피었다 지는 꽃이 되어
모두 가벼워지는 순간이다

맨발의 나무들

노을이 숲의 대문 열어젖히면
돌아오는 맨발의 나무들
발등이 부대낀다

나는 언제나 금빛 장화를 신고 싶은 새
초인종 소리에 부리로 찰카닥 문을 연다

알전구 동굴 속 나의 집
내 뿌리도 그를 닮아 늘 맨발이었다
강대나무 비탈길을 건너온 견골 위
포롱포롱 건너뛰는 내 노래에
한쪽으로 기울어지는 늦은 식탁

우체통에 노란 압류딱지가,
가끔은 백기도 우듬지에 걸렸다

반딧불이 올리는 봉화에
카시오페이아 별빛이 연기처럼 흘러들어
숲의 신음이 위로 위로 흘렀다
부은 잎맥을 어루만져주는 자외선

바람이 몰고 온 땀 냄새 가득한 숲
솔방울에 층층이 이슬 맺혔다

숟가락 부딪는 소리가
아파트의 삼경 적막을 깨울 땐
나도 잠결에 창을 열어 불빛으로
열세 평 파열음을 홑이불인 양 끌어당겼다

새벽 잠든 산등성을 또 넘으며
내 뿌리를 꼭꼭 눌러주는 맨발

아침 합창에 하루쯤
그의 어깨가 활궁처럼 탱탱해질 수 있을까

구룡포 연가

1.
흐르지 못해 멈춰 서있는 삶이
저녁을 포구에 불러내면
만나게 되는 꼿꼿한 순백의 정신

어둠 스스로 이겨낸 폐선에
턱 괸 불빛은 따뜻하다

얽힌 그물을 등에 업고
수평선까지 바라볼 수 있었던
집어등 걸던 한 생애에게

등대는 얼마나 숭고한 눈빛이던가

2.
삶에 지쳐 발 디딘 구룡포
수협공판장 새벽 바닥이
질펀하다

달려온 목선들이 비린내를 쏟아부으면
가자미 대구 고등어 퍼덕이는 숨결 사이
아직 눈망울 멀뚱거리는 문어들

옮겨 딛는 장화 발길 분주하다

>
쳐든 큰 대가리 이빨 꽉 깨물고
바다 쪽으로 기어가고 있는 뱃가죽,
끝까지 포기하지 않는 저 핏발선
낮은 자세, 마지막 혼을 태우고 있다

3.
늦은 사랑 포기하고 싶지 않아
어부 집 마당에서 말라가고 있다

과메기들의 꿰어진 밀어가
멍든 상처의 바위 다독이면
같은 그물에 끌려 올라와 마르는 청어들
갯바위 휘감던 바람의 잔뼈
서로 들여다보고 있다

"우리 한번 꿰어져 보지 않을래?"

사랑한다는 것은, 진정
절망조차 함께 꿰어지는 것

차츰 말라가는, 시퍼런 가슴이
살아남은 것들을 위하여
젖은 갯바위 어깨를 다시 적시고 있다

꽃, 사과나무

아무개 꽃 세계도 소문만 무성했다

꽃에 미친 떠돌이 아비와 과수댁이 눈 맞아
과수댁 큰아들 튼실한 농부로 자라고 싶은 내 머리에
꽃의 모자가 덮어씌워졌다

정말 미안하다는 나무들의 사과는 받았지만
내 가냘픈 가지에 고 쬐그만 열매들을
주렁주렁 매달지는 말았어야 했다

모가지가 몇 번이나
주인아저씨 톱날에 떨어질 뻔했으니
내 몸속 천한 피돌기를
되돌려주고 싶기도 했다

벌 나비 후레자식을 깨금발이 불러들여
성을 사과로 이름을 나무로 돌려놓는
창씨개명 반란을 꿈꾸어도 보고
부끄러운 '꽃' 자를 치마 속에 감추어서
태풍 앞에 투신하기도 여러 번

>
잎 다 진 가을날 망연자실 서 있는 꽃나무
그래도 이 집 아주머니는 어깨 다독이며
꾀죄죄해도 내 열매들을 한 식구로 받아주었다

버짐 퍼진 아이들 올망졸망한 눈망울이
꼭 아비 모르는 내 얼굴을 닮았다며

노을에 묻다

샛별 섶다리 아래 뜨는 강을 돌아
아버지 가신 그곳
노을 강에게 안부를 묻고 싶다

녹물 고인 시냇물에 흙 묻은 쟁기 씻으며
헐떡이는 황소 엉덩이만 갈기던
질경이 더 무성했던 수수밭에 서서
주름진 만경산 가슴께도 만져보고 싶다

별빛 모래에 퉁퉁 부은 소
발잔등 씻겨주던 위수강 그곳
빈 수숫대 핏물이 샛강에 흘러들 즈음
노름빚에 도망간 장조카 살려야 한다며
안계장터 쇠전으로 몰고 나간 큰 누렁이

"내 새끼는 다 죽일 작정이냐"
코뚜레에 매달리던 어머니
울음 팽팽하게 버팅기던 그곳

어제를 건너온 노을에게 오늘, 나
꿈으로 흐른 위수강 안부를 물어본다

>
엉덩이 처얼썩 철썩 때리며
은하수 건너보던 그 강가에서 여태
붉게 여문 수수밭 아버지의 고랑은
고삐 끝에서 뒤척이고 있는지

전등 켜는 장독대

옆집 홀아비 감나무는
안방까지 불쑥불쑥 주먹손
들이민다

그때마다 굴곡진 어머니 젖가슴은
항아리처럼 부풀었다

속 엿보는 늙은 가지 아래
동여매고 살아온 장독 어머니
발효의 제 몸 안이 궁금했는지
오늘도 반질거린다

손님들 찾아와서
들썩거렸던 뚜껑
몸 밖으로 밀려난 향기는 이제
감꽃 위 무료한 마당개미들에게
햇살잔치를 벌여주기도 한다

팬티 고무줄 탱! 끊기 위해 매달려 있는
까치밥 홍시에게 부끄러워진 항아리

쭈글쭈글 맨가슴이다

어머니 첫날밤 오 촉 전등인 양
매달린 홍시는, 삭여온 청상의 뚜껑
흰 치마폭 찢을 황홀경에
눈빛 붉다

오래 참아온 흙담도 더는
버틸 수 없어 무릎을 접는 하오
망사치마 속살이 노랗게 익어가는 항아리 곁
쇠파리 교성에
응달 꽈리 아랫도리도 탱탱해진다

꽃, 흔들리는

나이테 희미한 책상 모서리
말라가는 나, 국화꽃 앞에서
서걱이던 기침 가벼워지네요

늘 동쪽으로 기울었던 삶의 꽃밭
서쪽으로 얼굴 돌리는 시간
지난여름, 같이 그늘 덮어준 꽃잎들은
마른 속살 넌지시 벌리며 고개 숙이네요

바람의 등뼈는 또 목구멍을 흔들며 가나 봅니다

먼저 진 꽃들 생채기 소문에 남은 그들도
마음 편치 않았나 보네요
꽃대의 중심은 서서히 기울어지고
매달린 엉덩이 받쳐주던 마른 잎은
흔들리는 연습을 더 하라 합니다

그래도 꼭, 여문 씨앗 몇 개쯤
제 공깃돌 감싸듯 품으라 하네요
민들레 홀씨만큼 떠올라 서릿발 들판 몇 평쯤 가꿀지라도

이제는 귀퉁이 움푹 닳은 노을이
더 어울릴 것 같아요

마른 꽃에 함께 묶어둔 당신도
천천히 흔들리다 부서질 시간이네요

섬

물의 쿨럭임에
내 목울대도 그렁그렁

아직 수평선 너머를 가보지 못한 발바닥에는
해적의 피가 흐르는지
지루한 석양 물빛쯤 건너뛰고 싶었지

돌고래의 꼬리뼈를 닮은 야생이
등허리 실핏줄 꿈틀거리게 한다

그래, 삶이란 한번쯤
귀향하는 고래를 기다리는 거야
복사뼈까지 차오르는 불빛 기슭에 서면
내 삶은 작살을 타고 날아오르고 싶은 것

밤마다 흰 동아줄 파도
내 마음 해안으로 끌어당겨도
창끝이 닿고 싶은 그곳은 나팔꽃 천지
찬 발등 아침 이부자리에 밀어 넣고 싶은 것

>
그래 우리 여기서 돌아서자
너와는, 끌고 온 꽃신 문수가 다르잖아
난, 수평선 넘보는 도적의 운명
파도 위 걸어간 시커먼 발자국에 귀를 댄다

멀리 뱃고동 소리 멀어질 때까지

벚꽃의 생존법

물빛 평상을 사이에 두고
바람과 몸값 협상 중이다
눈빛 탱탱한 꽃, 그녀

꽉 다문 어금니 사이로 받아쓰는 문장
어제까지는 전서체이더니
오늘은 의지도 흔들리는지
옆구리 찔린 봄의 혈흔을 꾹꾹 찍어
합의문 행서를 흘려 쓰고 있다

검붉은 혓바닥 밀어 넣는 왕벌
매운 겨울을 건네는 메모지 암호는
참고사항일 뿐
거취를 결심 중인 그녀
맨발로 걸어온 긴 고뇌의 껍질을
구름 행간에 통증으로 남겨두려 한다

얼음골 건너온 바람의 재촉에는
판을 확 뒤엎어 버릴
자폭 테러 뇌관을 만지작거리며

화해 몸짓에도 핏발 선 결백으로
밀고 당기는 저 팽팽함

새벽 허리 걸터앉은 하현달은
꽃이었던 자리마다
기명낙관 남겨주겠다 한다

어떤 길

한때 나도 곧은길을 좋아한 적이 있었다
무처럼 쪽 빠진 허벅지에 배꼽티셔츠를 입고
걸어가는 그녀를 보면
곧은 다리 사이로 예수님의 산상설교가 쩌렁쩌렁 울려
나오는 듯
그 길에 숭배의 눈빛을 두었다
그녀 흰 대리석 계단을 밟고 곧은 산길만 오르다가
문득 어느 날 내 궁전의 수많은 길 속을 헤매고
결국 그녀와 헤어지고 나서야,
구불구불한 길들도 달빛 논두길같이 익숙해져 갔다
몇 번 생의 돌부리에 넘어지고 나서는 아예
굽은 산길이 더 좋아졌다
굽은 길에서는 걸어온 내 발자국도 길 속에 묻히고
쉬 잊히어 뒤돌아보는 일도 없었다
그 산길은 소나무가 가로수처럼 뻗어 있고
햇빛도 천천히 산 아래로 걸어가고 있었다
산길을 오르다 보면 굽은 시를 잘 쓰는
허리 굵은 여류시인을 만날 것도 같고
부리 짧은 뱁새의 울음조차 나뭇가지 사이로
몽땅몽땅한 시구를 마구 뿌려

햇빛과 뒹구는 푸른 길을 맨발로 걷고 싶었다
흘러내린 말들이 가지 끝에 풍경으로 매달려
이제는 돌아누운 저 노구
마을 앞 이백 년 노송 검은 둥치 속
내 등뼈가 굽은 서까래로
메주인 양 주렁주렁 삭고 있는,

길 위에서 길을 다 잃어버리는
너와지붕 산막 한 채쯤 갖고 싶다

산불

사랑이 아름답다는 말은 시커먼 거짓말
네 생각에, 내 마음은 삼월의 산불
검은 불길에 타서 찌그러진 바위같이
가슴에는 살아갈 불씨조차 꺼져버린 듯

사랑이 아름답다는 말은 시뻘건 거짓말
내 생각에, 타버린 네 가슴은
그 잿빛 하늘 광풍 속에 애써 죽지 않으려고
타지 않고 살아남으려
마지막 푸른 핏빛 다 토하는

……갈참나무

헐떡이는 숨, 뉘어 놓는

연리지

새엄마 손잡은 네가 동구 삼밭 둑길 따라
우리 둥지로 날아든 날
네 발자국 쓸쓸히 피어나는 안개를 보았지

지워진 자국을 오랫동안 연민으로 들여다보다
내 가슴에 찍힌 시퍼런 낙관이
사랑인 줄 알았을 때

아버지는, 냇가로 뻗은 뿌리의 색깔이 다르다 했지만
엄마는 하늘에서 들릴 듯
초록빛 잎사귀가 흔들리는 곳은 다, 상처라 했다

바람은 신음으로 언덕을 넘어갔고
아버지는 대문짝에 못질을 해댔다

천노賤奴의 문신을 이마에 찍은 우리는
하얗게 질린 삼밭 길을 따라, 팔랑팔랑
햇살을 향해 걸었다

놋그릇 밥상

골짜기 주름 팔순의 어머니와
고봉밥 상을 받아 놓고
팔공산 차밭골 물소리를 듣는다

산길처럼 구불구불한 내 삶
검버섯 손등이 가꾸어낸 햇살에
거울로 들여다본 들녘은 황량하다

골짜기 건너 뛰어온 새벽마다
상 위 놋그릇은 무거운 날개
안개둥지 속 모시나비로 퍼덕인다

늘 기울었던 한쪽 어깻죽지로
떠먹던 밥 한 그릇이
이렇게 뜨끈뜨끈한 온기로
골짜기 안쪽 추위까지 데우다니

어떤 푸성귀 한 대접이 이만해서
푸르던 제 잎 골골이 비틀어
땅 밑 뿌리의 촉 틔워내겠는가

>

둥글어진 제 그릇마다
깊어진 자국들 반질반질 문질러낸
어머니 치맛자락 겨울 들판은
맑은 울림으로 채워진 봄의 씨앗

젓가락 마주한 밥상 앞에서
긴 부리 녹슬어가는 물총새
녹아내리는 물소리를 건너뛰고 있다

파도의 뿌리

커다란 배는 제 몸의 모양만으로
무릎의 깊이를 잴 수 있지만
얼굴 감춘 채 내 방파제 덮치는 당신의 파도
그 뿌리의 길이는 알 수가 없습니다

어부의 손목 적셔주던 물빛 적요가
산호초 밑바닥을 지나가 닿은 노을

당신은 기어가 닿고 싶은 물속 산봉우리
작은 출렁임에 이제 지느러미 휘젓는, 나

입술로 움켜잡은 해초의 뿌리에서, 조금씩
닮아 갑니다, 푸른 눈 물고기를

해설

그리움과 사랑의 시학

이태수

해설

그리움과 사랑의 시학

이 태 수 | 시인

i) 이재하의 시는 다양한 빛깔과 무늬들을 거느리고 있다. 바라보는 방향과 그 마음의 움직임에 따라 극명하게 대비되는 정서와 문체文體들이 떠오르게 마련이다. 지난날로 거슬러 오르며 정신적 본향本鄕으로 자리매김하고 있는 고향이나 자연을 노래하는 일련의 시편들에는 향토적 서정과 순탄한 구문構文이 두드러지지만, 현실 속에서 시선을 안팎으로 교차시키면서 자기성찰自己省察에 무게중심을 둔 경우 은유나 상징, 초현실주의 기법까지 다채롭게 구사돼 난해성이 동반되기도 한다. 의미망도 전자의 경우 그리움과 연민憐憫, 회귀回歸의 정서가 주조를 이루고 있다면, 후자에는 그보다 훨씬 복잡다단한 감정의 움직임과 그에 상응하는 내면세계가 표출되고 있으며, '재현되는 이미지'보다는 '그려지는 이미지'에 무게를 싣고 있다.

특히 복고성향復古性向을 벗어난 대부분의 시편에는 거의 모든 사물에 활유법活喩法이 끌어들여지고, 분방한 상상력이나 연상聯想에 의해 비현실적인 이미지들이 빈번하게 끼어드는가 하면, 원초적原初的이고 관능적官能的인 생명력이 투사되거나 투영되고 있는 점도 뚜렷한 특징을 이룬다. 또한 유장한 서술체 문장과 빈발하는 연상과 비약飛躍은 장단점을 함께 나눠 갖는 개성을 강화해 보이는 요인으로도 작용하고 있는 것 같다.

그러나 아름다운 사랑 꿈꾸기와 그 기다림이 그가 궁극적으로 추구하고 지향하는 세계로 보이며, 그 길 나서기에는 갈등을 넘어 겸허하게 마음을 낮추고 비우면서 주어진 길에 순응하고 화해和解하면서도 새롭게 모색하고 도전하는 정신과 다짐이 담보되고 있는 것으로도 읽힌다.

ii) 시인에게 고향은 그리움을 불러오는 추억의 공간이며, 정한情恨의 정서가 번져 흐르면서도 언제나 되돌아가고 싶은 정신적 본향으로 자리매김하고 있다. 이 회귀의 정서는 과거 지향적이거나 복고성향에 무게가 실리기보다는 더 나은 삶을 향한 내일에의 꿈꾸기에 주어지고, 그 세계로 나아가려는 길 찾기의 일환으로 보이게 한다. 옛 고향은 정신적 본향의 품안과도 같은 데 푸근하게 안기게 해 주는 곳이다. 그 품안에는 자애로운 어머니와 듬직하고 은근한 아버지의 사랑에 대한 기억들이 자리 잡고 있으며, 세월의 흐름에도 변하지 않는 형제애와 애틋한 연민, 잊히지 않는 기억들도 충만해 있다.

동구 밖 뫼등에서
따라온 보름달

밤중 고향 집
마당에 내려선다

아직 자지 않고 뭐해?

여기서 너 기다렸지
보름의 보름 동안

—「어머니」 전문

아련한 향토적 서정과 정감이 돋보이는 이 시는 밤중의 고향 집 마당에서 떠올린 사모곡思母曲이요, 몽매에도 잊히지 않는 모성애母性愛의 반추다. 밤중에 어머니 생각에 잠 못 이뤄 동구 밖 무덤을 찾고 옛집에 돌아와서도 달 밝은 마당에서 서성이는 심경이 절절하게 묻어난다. 뫼등에서 본 보름달이 마당까지 따라와 '나'(화자)의 마음을 들여다본다든가 "보름의 보름 동안" 그 마당에서 '나'를 기다렸다고 어머니의 사랑을 더듬어 되새김질하는 시인의 마음이 아리도록 아름답다.

그러나 시인이 기리는 그 어머니는 일가(큰집)에도 넉넉한 사랑을 베풀던 아버지와 다르게 오로지 자식 사랑이 유난했던 모습으로 그려져 있기도 하다. 「노을에 묻다」에서 시인은 위수 강가의 고향에 이르러 아버지가 "노름빚에 도망간 장조카 살려야 한다며 / 안계장터 쇠전으로 몰고 나간 큰 누렁이"(팔려고 간 사실)를 회상하면서

"내 새끼는 다 죽일 작정이냐"

코뚜레에 매달리던 어머니
울음 팽팽하게 버팅기던 그곳

—「노을에 묻다」 부분

이라고 어머니가 필사적으로 맞서던 장면 묘사를 통해 황소가 가산의 큰 비중을 차지하던 그 시절의 아버지와 함께 어머니의 모습을 그리면서 그 애환의 단면을 부각시켜 놓는다. 그렇다고 이 문맥을 곧이곧대로 어머니가 아버지처럼 오지랖이 넓지 않았다기보다는 어머니의 자식 사랑이 얼마나 지극했는지를 역설하는 뉘앙스로 읽어야 할 것 같다.

이 같은 어머니의 사랑은 「어머니별」에서 "어떤 친구는 죽어서 / 천당 가겠다 하고 / 다른 한 친구는 극락 가겠다 하지만" 자신은 죽어서 그런 곳이 아니라 "고초 당초 빛나는 / 은하수 치마폭 찾아가리라"는 다짐을 하고, 어머니의 사랑 못잖은 시인의 어머니 사랑을 낳게도 했을 것이다. 내세에 가장 좋은 세계에 가려 하지 않고 이 세상을 고초 당초와 같이 매운 고난으로 살다간 어머니의 그 '치마폭'으로 가겠다는 애틋한 마음과 그 결기는 어머니 생애에 대한 지극한 효심과 연민의 발로 때문이리라.

어무이—
저, 이제 돌아왔심더
시린 발끝 동동
울먹임이 당기는 문고리

가장 글썽이는
그 별

—「어머니별」 부분

이 시의 끝부분인 "가장 글썽이는 / 그 별"이라는 구절에서 느끼게 되듯, 밤하늘의 별 가운데 저승의 어머니별이 가장 글썽이는 별이며, 그 어머니를 그리워하는 화자의 마음 역시 그렇다는 등식까지 내비친다. 게다가 어린 시절에 쓰던 사투리를 그대로 쓴다든가 "시린 발끝 동동 / 울먹임이 당기는 문고리"라는 표현과 '글썽임', '울먹임' 등의 어휘들도 절절한 호소력을 증폭시켜준다.

시인의 기억이 가부장사회家父長社會의 아버지 모습에 다다르면 어머니와는 사뭇 대조적으로 은근하게 그려지고 있으며, 우리의 전통적인 아버지의 내리사랑이 전통적인 정서의 빛깔로 예찬되기도 한다. 사라져버린 풍경이지만, 농촌 소년들은 방학 때 소를 키우는 일로 가사를 돕곤 했다. 이 일은 부자간의 유대감은 물론 상호 믿음과 사랑을 돈독하게 하는 촉진제가 되기도 했다.

농촌 출신인 시인도 한여름(방학 때)에는 "마을 앞 방천둑에서 / 늙은 황소 종일 풀 뜯기고 / 벌렁벌렁 시냇물 먹어 출렁거리는 / 잔등에 올라 집에 오"(「황소」)던 착한 소년이었고, 아버지도 그런 아들의 모습을 흐뭇하고 장하게 여겼을 것이다. 소가 야생野生의 풀을 뜯어먹도록 돌보고 그 등에 타고 귀가할 때의 장면 묘사는 토속적인 정취와 멀어져간 농경사회의 미풍양속을 그림처럼 재현해 보인다.

마당에서 코뚜레 잡고
번쩍 내려주시던 아버지
우리 집 황소처럼
빙그레 웃으셨다

나는 소털 묻은 손으로
흰옷 입은 늙은 황소를
왈칵 껴안았고

―「황소」 부분

부자간의 은근한 정을 떠올리기도 하는 이 시에서는 아버지와 '나'가 황소와도 친화력親和力이 두드러지는 공동체를 이루고, 황소의 속성이 아버지와 '나'에게, 아버지와 '나'의 성품이 황소에게 전이되거나 투사돼 하나로 아우러지는 모습이 연출된다. 더구나 아버지는 흰옷 입은 황소가 되고, '나'는 빙그레 웃으며 속 깊은 사랑을 끼얹는 그 황소(아버지)를 왈칵 껴안는 정황은 황소를 매개로 이 삼자 간의 떼려야 뗄 수 없는 친화와 유대를 극대화해 떠올리는 경우에 다름 아니다.

시인의 이 같은 휴머니티는 가족을 향해서도 매한가지 빛깔로 착색된다. 특히 한쪽 다리를 잃은 아우를 향한 연민과 형제애는 각별해 보인다. 지금까지 살아온 날들을 아버지가 사준 자전거 타고 오기에 비유하고 있는 「형제―아우에게」는 아우를 향해 "너를 내려놓아 가벼워진 나는 / 너무 멀리 앞바퀴만 굴러왔구나"라는 미안한 심정을 앞세우면서

나 떠난 뒤 너는
절뚝이며 걸었을 수많은 골목길과
철대문 빗장 불빛 아래 혼자 서성이며
녹슨 네 갈비뼈를 살대로 끼워, 몸으로
온몸으로 굴렀겠구나

"난 괜찮아"
"우리 집안 앞바퀴만 잘 구르면"
네 목소리 짐칸에 싣고
요령 소리만 요란히 달려왔구나

—「형제-아우에게」 부분

라는 회한悔恨에 젖는가 하면, "저물녘 강물처럼 아버지는 / 손잡고 앞뒤로 흐르라 했는데 / 일렁이는 바람모서리도 맞잡으라 했는데"라며 아버지의 당부(교훈)를 그대로 지키지 못한 자책감自責感에 빠져들게도 된다. 이 겸허한 자책감이 거느리는 휴머니티는 특히 "녹슨 네 갈비뼈를 살대로 끼워, 몸으로 / 온몸으로 굴렀겠구나"라는 구절에 농도 짙게 드러나 있으며, 마지막 연에서 형이 잘되기를 바라는 아우의 형 사랑 마음이 더욱 가슴 아픈 회한과 돈독한 형제애를 안겨 주었을 거라는 짐작도 해보게 한다.

iii) 시인의 고향과 고향 사람들에 대한 사랑과 연민 역시 가족을 향할 때와 별반 다르지 않다. '개복숭나무'가 그늘진 삶의 여인에 비유되고 다시 그 반대로 보이게도 하는 「개복숭나무」에서는 밭고랑 끝에 늘 홀로 서 있는 복숭나무와 "자기 이름 언문(한글을 비하한 말)으로 쓸 즈음 / 제 아비를 원망하며 마을 사람들을 떠"난 여인을 겹쳐 바라보면서 그 애환을 다소 선정적으로 묘사하면서도 그 비애悲哀에 짙은 연민을 끼얹는다. "그녀의 삶 반경이란, 둥치에 묶여진 고릿줄의 개"라는 표현은 남존여비男尊女卑 시대에 소외된 여인의 숙명에 대한 비판적 성찰이 아닐 수 없다.

한 여자 울며 가는

흰 신작로에

강아지 꼬리가 촐랑촐랑 따라간다

햇빛은 허겁지겁

그 뒤를 따르고

—「가을」 전문

조락凋落하는 가을의 시골 신작로 풍경에 착안한 듯한 「가을」은 그 길 위의 여자와 강아지, 햇빛의 함수관계를 미묘하게 떠올린다. 한 행이 한 연을 이룬 간결한 문맥에 극도의 비애를 다져넣어 탱탱한 언어감각과 감성이 돋보이는 이 시는 흰 신작로가 환기하는 덧없는 숙명의 길과 그 길을 울면서 가야 하는 여인의 한 많은 삶을 극대화한다. 까닭 모르고 여인을 따라가는 강아지와 허겁지겁 그 뒤를 따르는 햇빛은 그 숙명의 길을 가는 여인의 비애를 더욱 두드러져 보이게도 한다. 고향의 자연이나 풍경을 바라보는 시인의 시선에도 그런 비애와 연민이 번져 흐르는 건 거의 마찬가지다.

철골 멈칫한 하늘에
보름달이 떠올랐다

한 달 치 깊이가 더 푸르니
너도 추운 모양이다

저 푸른 들판에 온돌방 하나쯤 들어야겠다

닳은 난간을 한 계단 한 계단 뒷걸음으로 오르면
달의 발자국도 보이겠지

오늘은 저 달방에
언 몸 뉘고 싶다

—「여인숙」 전문

시인은 왜 하필 고향 밤하늘의 보름달을 푸른빛이 가득 찬 것으로 느끼고, 그 한 달 치의 푸른빛을 추위가 깊이 쌓인 들판으로 바라보며, 그 푸른 들판에 온돌방 하나쯤 들여야겠다고 생각하게 된 것일까. 더구나 달방(온돌방)이 마련된 보름달(푸른 들판)을 스스로의 발자국이 보이는 낡은 여인숙쯤으로 보고, 그 달방(여인숙 방)에 언 몸을 뉘고 싶다고도 하게 되는 것일까.

아마도 현실적인 삶이 언 몸이 될 지경으로 춥고, 그 추위 때문에 고향 하늘의 보름달마저 자신과 같이 추워 보이게 하며, 그 고향의 보름달(푸른 들판)에 따뜻한 방을 만들어 나그네처럼 여인숙에 들 듯 편안히 깃들고 싶다고 여기게 된 건 아닐는지……. "오늘은 저 달방에 / 언 몸 뉘고 싶다"라는 대목은 옛 고향을 잃어버린 나그네로서라도 고향의 품안에 깃들어 하루 치의 안식安息이라도 얻고 싶다는 뉘앙스로 읽어도 좋을 듯하다.

하지만 타향에서 삭막해진 마음에 낯설게 비친 고향과는 아주 다르게 기억 속에 자리 잡고 있는 고향의 정서는 푸근하고 따스하다. 자연 친화와 토속적인 서정이 번져 흐르는 기억 속의 고향은 언제나 그리움의 대상이 되고 회귀하고 싶은 본향으로 여겨지는 건 순전히 그 때문일 것이다.

새벽 바람 소리가
양철지붕 흔들다 돌아눕는다

봉창에 비친 뒷산 부엉이 울음
내려선 마당
부엌 아궁이에 홀로 타는 청솔가지
밤새 찍힌 오소리 발자국 위
소복소복 덮는 감꽃

밤비에 씻긴 장독대 위에도
흩어지는 저 순백의 침묵
피어오른 물안개를 가른 여명에

후득, 후두득 얇아지는 잠결

이슬 녹아 섞인 차가운 시냇물 같은
초여름 새벽 어머니 물동이에 떨어지다
출렁이며 가슴까지 환하게
밀려왔던 고통, 오래되어 빛바랜

그래서 언제나 흰,

—「감꽃」 전문

어린 시절 산골 고향 집에서의 비 그친 뒤 초여름 새벽 풍경을 재현한 이 시는 시인이 왜 현실 너머의 잃어버린 날들을 그리워하며 회귀하고 싶어 하는지를 단적으로 말해준다. 문명의 이기에 물들기 이전의 자연과 그 속에서의 삶은 그야말로 자연 그대로였으며, 어둠 속의 비가 갠 여명의 싱그러운 생명력 역시 자연 그대로의 화해와 평화 그 자체였기 때문일 게다. 떨어지는 감꽃은 물론 부엉이 울음도 마당으로 내려오는 하강 이미지가 주조를 이루고 있음에도 상승 이미지가 더욱 가깝게 느껴지는 점도 자연과의 친화와 화해의 분위기 탓일 것으로 보인다.

이 시에서 또 다르게 눈길을 끄는 구절은 "밤비에 씻긴 장독대 위에도 / 흩어지는 저 순백의 침묵"과 "물안개를 가른 여명", "이슬 녹아 섞인 차가운 시냇물"이 환기하는 이미지이며, "가슴까지 환하게 / 밀려왔던 고통"이라든가 빛바래서 언제나 희다는 역설 또는 반어법反語法 또한 그런 대목에 다름 아닌 것 같다.

자연은 고향의 그것이 아니더라도 시인에게는 거의 마찬가지의 안식과 깨달음의 대상이 된다. 「호미곶」에 묘사되는 바와 같이, 침묵으로 일관하는 자연(바다)은 "말들의 파고에 지치고 밀"리는 현실적 삶의 흔들림을 잡아준다고 본다. 그 느낌은 현실적인 삶에 대해 마음 흔들리며 회의하다가도 눈을 감은 채 '소이부답'하는 바다가 삶은 "하늘 향해 손바닥 하나 밀어 올리는 일"이라는 깨달음도 안겨주기 때문이기도 한 것 같다.

ⅳ) 그렇다면 시인에게 삶의 현장인 일상적인 현실과 그 속에서의 삶의 모습은 어떤 빛깔로 물들어지고, 가장 절실한 아픔과 고뇌가 어떤 결과 무늬들을 빚고 있는지 들여다보지 않을 수 없다. 현실 속에서 "산다는 것은 피었다 지는 꽃이 되어 / 모두 가벼워지는 순간"(「간이역」)이라고 보기도 하지만, "사는 일은 / 울음으로 삭풍 앞에 늘 두 발 세우는 것"(「송골매 1」)이라고 토로한다. "해가 뜰 때마다 / 생각의 무덤을 지나서 // 건너온 다리마저 부숴 버"(「숙명」)린다는, 어쩌면 시시포스의 바위 굴리기와도 같은, 도로徒勞에 다름 아니라는 발언을 하고 있는 것 같다. "네게로 가는 다리를 건너고 / 또 하늘의 무지개 건너"(「숙명」) 가야 하며, 「껍질」에서도 묘사되는 바와 같이, 그런 와중에 며칠 몸살까지 앓고 난 뒤에는 두릅나무 같은 등 뒤에 부스럼이 생기고, 염소 뿔 같은 각질이 더럭더럭 붙는 극도의 비감悲感에서 자유롭지 못해진다. 게다가

삭풍의 칼날에도 굴한 적 없이
몸뚱이는 상처의 각질이 밀어낸 가시로
우듬지를 부풀리기도 했는데
쪼아대는 햇살에 틈을 열어두어도
새들은 날아들지 않았다

—「껍질」 부분

는 비애나, 밤이면 "별을 세며 새벽까지 몸을 비틀" 수밖에 없고, 자신의 허상虛像이라 할 수 있는 그림자의 바깥을 언제나 서성거릴 뿐인 '껍질'이라는 절망감에도 빠져든다.

해파리가 떠다니는 거리
느림이 이동시키던 내 꿈의 행보,
먼지들 청소기에 빨려들 듯
조개는 복개된 구멍으로 흘러든다

<중략>

기억 속 갯벌 구멍에 들고 싶은 나,
먹구름 도시 하늘에서 물빛 구멍을 찾다니!
매일 구름 구멍을 나와 벌름거리는 아가미로
벌건 수초 앞에서 서성였다니!
동반한 속 쓰라림은 어쩌면 당연한 것
떠밀려 흘러드는 지하도 입구에서도
조개는 늘 두리번거려야 했던 것

혹, 저 내려가는 계단에 그물은 없는지

혀 적셔주던 파도 자락이
매일매일 그립다

—「매일매일 구멍들」 부분

이 시에서 시인의 현실적 삶은 바닷가의 갯벌이 아닌 복개覆蓋된 구멍 속에서 사는 조개나 물고기에 비유되며, 그 상황은 먼지가 청소기에 빨려들 듯하고, 복개된 구멍이 도시의 지하도로 환치換置(구체화)되면서는 그 내려가는 계단에 덫이 있을지 우려하는(불안한) 정황으로 바뀐다. 시인이 살아가는 도시(현실)는 먹구름 드리우고 해파리들이 떠다니는 바다 같으며, 그 바다의 벌건 수초水草 앞에서 서성거리거나 떠밀려 복개된 구멍(지하도)으로 들어갈 수밖에 없어 두리번거려야 하는 곳이다. 이런 정황 속에서 속이 쓰리고 파도 자락과 갯벌이 언제나 그립지만, 그런 꿈의 행보는 느릴 뿐 늘 어두운(불안한) 구멍으로 떠밀릴(흘러들) 수밖에 없다는 것이지 않은가.

산길처럼 구불구불한 내 삶
검버섯 손등이 가꾸어낸 햇살에
거울로 들여다본 들녘은 황량하다

골짜기 건너 뛰어온 새벽마다
상 위 놋그릇은 무거운 날개
안개둥지 속 모시나비로 퍼덕인다

—「놋그릇 밥상」 부분

그래서 밥상 앞에 앉아 다소 안도할 때마저 삶은 굴곡진 산길 같고, 황량한 들녘 같으며, 새날이 밝을 때마다 마주하는 밥그릇(놋그릇)이 퍼덕이는 안개둥지 속 모시나비 같다고 느끼게 되는지도 모른다. 더구나 나뭇가지의 자벌레를 보면서는 "하루를 재어 머무를 때와 떠나야 할 때를 / 정확히 알고 있는 너를 보면 / 오늘을 허투로 살아온 내가 부끄럽다"(「자벌레」)는 자괴감自愧感에도 젖게 된다. 그렇다고 시인이 이런 현실에 좌초되거나 좌절하지만은 않는다. "삭풍의 칼날에도 굴한 적 없"다는 진술은 그 적극성을 말해주지만, 그렇지 않은 경우에도 은밀하게나마

> 겨우내 언 땅 밑 한 톨 보리알이
> 오뉴월 푸른 하늘을 꿈꾸듯
> 바위틈 한 촉 돌미역이
> 태풍 속 수부의 손길 기다리듯
>
> —「파문」 부분

보잘것없이 작지만 설렘과 희망의 끈을 놓지는 않는다. 더구나 뒤돌아보지 않겠다면서도 "이 세상 그 어떤 뜨거움도 처음에는 / 맨 처음 시작은 다 미지근하였을 테니까"라고 미지근한 설렘(희망)이 뜨거움을 잉태한다는 사실을 환기하며, 그 뜨거움을 기다리는 꿈에 불을 지피는 초극超克 의지를 완곡하게 드러내 보인다. 「매일매일 구멍들」은 은유나 상징 기법 때문에 다소 애매모호한 의미망을 거느리기도 하지만, 그런 심경도 완만하게 내비치고 있는 것으로 읽힌다.

ⅳ) 다분히 자의적으로 그의 시가 거느리는 몇몇 단면들을 들여다보았지만, 그의 시편들은 대부분 현실 속의 파토스나 고향과 자연에 대한 그리움의 정서를 쉬운 구문으로 형상화하기보다는 그보다 훨씬 복잡다단한 감정의 움직임과 내면세계를 표출하는 데 주어지고 있다. 부언하면, 그의 대다수의 시는 전통적인 서정시에 뿌리를 두면서도 그 길을 따라가기보다 나름의 새로운 길을 트고 닦으려는 모색과 도전의 빛깔을 띠고 있다. 현대를 살아가는 현실적, 내면적 삶의 밝음과 어둠들을 그에 상응하는 복잡다단한 언어들로 길어 올리는 데 무게가 실려 있기 때문이다.

복합적인 의미망 때문에 난해하기도 한 일련의 시편들에는 활유법(의인화) 구사와 그 반전, 상징과 초현실주의 기법 구사 등으로 언어의 굴절과 비약이 빈발하는가 하면, 연상에 의해 내면세계(심리상태)가 예기치 못할 방향으로 치닫는 장면들도 빈번하게 연출된다. 또한 그 의식의 근저에는 거의 어김없이 '리비도'라고 불러도 좋을 원초적이고 관능적인 생명력이 꿈틀거리고 있으며, 유장한 서술체 문장과 비시적인 분위기로 경사짐에도 불구하고 그런 요인들이 되레 개성을 강화해 보이는 양상을 띠고 있다.

목련꽃 필 무렵의 봄비와 그때의 정황을 그린 「목련제祭 1」에는 원초적이고 관능적인 생명력이 두드러져 있다. 봄비가 내리는 모습을 "아파트 정원에 미꾸라지 떼 가득하다"고 빗줄기를 미꾸라지로 바꿔 바라보고 있으며, 그 부드러운 빗줄기에 "이 미꾸라지들은 지난 겨우내 눈과 찬바람을 먹고 / 초승달 문지른 기러기 날개깃도 삼켰는지 / 살이 부드

럽고 뼈가 무르다"고 육감적인 상상력을 분방하게 투사해 놓기도 한다.

시인이 이 같은 관능적 상상력은 다채롭고 분방하게 펴져나간다. 비가 내리는 장면을 미꾸라지가 구름과 놀면서 밤낮 사랑에 등이 젖어 푸른 바다처럼 불어난 새끼들을 구름 아래로 쏟아낸다든가, 그 미꾸라지들에 햇빛이 맑게 씻어 주는 비누가 되기도 하고 찬란한 빛깔의 양복을 입혀 준다는 비약에도 그치지 않고 있어 그야말로 점입가경漸入佳境이다.

미꾸라지들은 옥상에 머리 처박고 떨어져
서로 아우성치다가 다시 뛰어내려
겨우 턱걸이하는 꽃망울
반만 벌린 꽃술로 정액처럼 흘러든다

왕성한 성욕이다, 봄비는
꿈틀꿈틀 기어가는 미꾸라지

푸르스름한 꽃의 자궁 속에
검은 알 무수히 슬어놓는다

—「목련제祭 1」 부분

인용한 부분은 옥상에 떨어진 빗물들이 목련꽃 봉오리의 꽃술에 흘러든 정액(정자)이고 그 꽃봉오리의 자궁에 검은 알들을 슬어놓는다는 얘기로 요약될 수 있지만, 이 같은 발상이 어디 예사롭다고 할 수 있겠는가. 게다가 내린 봄비를

꿈틀꿈틀 기어가는 미꾸라지로 보고 왕성한 성욕으로 읽는 발상은 그만의 몫이 아닐 수 없다.

사과가 열리고 익어가는 과정을 "벌 나비의 푸른 욕정을 / 햇빛표 캐시밀론 이불이 둘둘 / 이때, 바람은 미쳐 버려 / 온 동네 분홍치마 속을 들쑤셔 놓았다나요"(「사과가 익어가는 것」)라든가, 사과가 익어 떨어지는 모습도 "나무가 문을 열어젖히자 / 울컥! 피 토하며 떨어지는 / 욕망 하나"(같은 시)로 보는 상상력도 같은 맥락으로 읽힌다.

원초적이고 관능적인 이미지 구사는 어떤 사물이나 여성, 심지어는 아내와 어머니에게도 예외가 없다. "도로변 쇼윈도 벗겨진 마네킹을 창문 너머 훔쳐보다가 / 팔등신 기억을 도둑맞는 느티나무 / 갓등 아래 말라가고 있는 새순 자리 / 그녀의 비틀린 유두가 물오르던 상상까지 훔쳐내고 말았다"거나 "가슴 털 숭숭한 가을 느티나무는 / 난로가 달구어 들썩이는 주전자 뚜껑 같다"(「마네킹, 기억을 도둑맞다」)는 표현, 느티나무와 아내를 겹쳐 바라보면서 "튼 뱃살 덮은 푸른 잎 느티나무가 / 옷 벗은 아내의 터진 옆구리를 엿본다"(같은 시)는 표현은 그중 약과다. 「전등 켜는 장독대」에서는 장독을 어머니로, 감나무를 홀아비로 의인화하면서 주변의 모든 사물들까지 관능의 도가니로 끌어들인다.

> 옆집 홀아비 감나무는
> 안방까지 불쑥불쑥 주먹손
> 들이민다

그때마다 굴곡진 어머니 젖가슴은
항아리처럼 부풀었다

속 엿보는 늙은 가지 아래
동여매고 살아온 장독 어머니
발효의 제 몸 안이 궁금했는지
오늘도 반질거린다

<중략>

팬티 고무줄 탱! 끊기 위해 매달려 있는
까치밥 홍시에게 부끄러워진 항아리
쭈글쭈글 맨가슴이다

어머니 첫날밤 오 촉 전등인 양
매달린 홍시는, 삭여온 청상의 뚜껑
흰 치마폭 찢을 황홀경에
눈빛 붉다

오래 참아온 흙담도 더는
버틸 수 없어 무릎을 접는 하오
망사치마 속살이 노랗게 익어가는 항아리 곁
쇠파리 교성에
웅달 꽈리 아랫도리도 탱탱해진다

—「전등 켜는 장독대」 부분

감나무와 그 옆(아래)에 놓인 장독은 성감대性感帶를 활짝 열어놓은 관계다. 감나무(홀아비)가 도발적挑發的이지만 수

동적인 장독(어머니)도 내숭이 안으로 달아올라 뜨겁기는 한가지다. 그 내숭이 오래 발효돼 그 바깥으로도 윤기가 번져나며, 오래된 장독이 감나무에 마지막으로 매달려 있는 감에게 부끄러운 건 첫날밤 희미한 전등 같고, 그때처럼 치마폭 같은 뚜껑에 들이닥칠 때가 올 것이므로 뜨거워지지 않을 수 없지 않겠는가.

이런 표현에다 이 시에서의 관능미는 홍시가 팬티 고무줄을 끊을 때(떨어질 때) 흰 치마폭(장독 뚜껑)을 찢을 그 황홀경, 그 기다림과 설렘, 흙담도 더 못 참는 가운데 쇠파리가 교성을 지르고 응달의 꽈리도 아랫도리도 팽팽해진다고 그려져 절정에 다다른다. 시인은 이같이 모든 사물을 활유법으로 의인화해서 원초적인 생명력을 불어넣음으로써 관능적인 시적 묘미를 탱탱하게 극대화한다.

> 하루살이 소복한 알전구 아래 어머니는
> 부엌 무쇠솥 열고 아버지 불알보다 더 큰 감자를
> 굵은 젓가락으로 푹푹 찔러보며
> 찌든 얼굴에도 찌르르 전류가 흘렀다
>
> —「우리 집 전기 처음 들어오던 날」 부분

불 켜진 알전구, 무쇠솥에서 익는 감자와 전류의 함수관계를 관능적으로 묘사한 이 시에서도 아버지 불알보다 더 큰 감자를 굵은 젓가락으로 푹푹 찌르는 어머니 얼굴에 전류가 흐른다는 표현은 발칙한 면도 없지는 않지만 감춰져 있는 원초적인 생명력마저 진솔하고 걸쭉하게 들춰내 보이는 경우에 다름 아니다. 하루살이 소복한 알전구와 불 지펴

진 무쇠솥이 환기하는 관능미도 이 시의 지나쳐버릴 수 없게 하는 시적 장치들이다.

때로는 성聖과 속俗을 넘나들며 성스러운 것들을 속된 것으로, 속된 것들을 성스러운 것으로 뒤집어가며 그 이면을 들춰내기도 한다. 속세의 대중목욕탕 풍경을 성스러운 고해소告解所에 대입시켜 "아버지도 아들도 소문 접한 변 씨 아저씨도 / 꽃대 같은 거시기 흔들거리며, 다시 / 고해소 창틀을 넘어선다"(「고해소 목욕탕」)고 묘사하는 경우나 「은퇴한 숲」에서 숲이 승려로 둔갑해 "파계한 스님은 아랫도리 젖은 / 달빛과 밀애를 나눈다"며, "언제쯤 저 스님은, / 팔부능선 서성거리는 눈보라 딛고 / 참회의 맨발로 산정에 설까"라고 그리는 경우는 그 부분적인 예에 지나지 않는다.

"허리 잘록한 처녀들이 / 배밭 한가운데에서 / 아랫도리 벗겨진 채로 당했다는 소문이 / 불국사 아래 파다하게 번졌다"로 시작되는 「배꽃의 변명」은 소문대로 스무 해 전 정관수술한 늙은 농부가 야밤에 "처녀막 사이사이 삽이며 곡괭이 짓으로 / 달의 씨앗을 밤새 심어 놓았는지 / 아무도 모른다"며, 남산골의 흰 배꽃들을 "이차돈이 흘린 순교의 흰 핏빛"과 연계시키면서

저놈들은 모두 늙은 농부의 씨앗인지
순교자의 환생인지
흰 핏물 가득 출렁이는 봄의 가랑이 사이로
달의 아기들이 내미는 콩알 얼굴들

씨앗 출생을 다 아는 듯 서쪽으로 고개 돌리는

아랫도리 잘린 남산 미륵불
눈빛이 붉다

—「배꽃의 변명」 부분

고 비약을 거듭한다. 하지만 기실은 남산골 배밭에 만개한 흰 배꽃들이 정관수술 효과가 없는 농부의 소생蘇生인지, 이차돈의 환생인지 알 수 없다는 회의懷疑는 그리 중요한 문제로가 아니라 흰 배꽃들의 생명력을 강조해 보이기 위한 너스레쯤으로 보면 잘못 짚는 걸까. "흰 핏물 가득 출렁이는 봄의 가랑이"라는 대목은 봄의 생명력을 관능적으로 극대화한 경우에 다름 아니며, 배꽃을 '달의 아기'로 보는 데서도 그런 느낌이 든다. 아무튼 그 누구의 힘으로든 야밤에 생성된 그 비밀스러운 신비가 빚은 조화는 그만큼 경이로울 수밖에 없고, 아랫도리가 잘렸지만 '눈빛이 붉은'(역시 관능적이지만) 남산 미륵불彌勒佛은 그 신비를 알고 있을 거라는 대목에서도 암시되고 있듯. 배꽃은 스스로 변명할 여지가 없이 대자연의 봄이 빚은 야밤의 관능의 절정絶頂임에는 틀림없는 것 같다.

시인이 「면벽수행」에서 "앞에 놓인 칼국수 그릇에서 / 가야산 성철 스님을 본다"며, 칼국수 그릇의 면발을 보면서 벽과 마주 앉아 묵언수행默言修行하는 고승高僧을 떠올린다든가, 먹으면서 남은 면발에도 죽비竹篦를 내리치고 싶다는 대목에서는 속(속세)에서 성(높은 경지)을 희구하는 마음자리가 가까이 집힌다. 이 점은 이 시인의 또 다른 면모를 드러내 보이는 경우이며, 궁극적인 지향을 암시하고 있다고도

할 수 있다.

vi) 시인은 겸허하게 자기성찰을 하면서 지난날과 지금・여기를 교차시키면서 바라보고 들여다본다. 궁극적으로는 지나온 숙명의 길을 거스르려 하기보다 마음을 낮추고 비워 나아갈 길을 모색하고 그 꿈에 불을 지피려 한다. 하지만 그 꿈은 어린 시절이나 젊은 시절과는 달리 운명에 순응하면서 최선의 길을 가려는 데 주어지고 있다.

시인은 어린 시절 송아지가 자라 코뚜레를 채울 때를 떠올리면서는 "어미 따라다니며 망나니로 살아오다 / 오늘 처음 씌워진 멍에가 평생 멍에가 된다 / 목덜미 피고름이 딱지로 겹쳐 / 굳은살 돋을 때까지 벗지 못하는 걸 아는지 / 머리 쳐들고 발버둥 쳐도 코뚜레를 잡은 / 내 손바닥에도 물집이 생기고 또 터진다"(「멍에」)고 회상한다. 송아지도 코뚜레가 채워지면 그 코뚜레가 평생 멍에가 된다는 걸 아는지 발버둥 치던 모습을 상기하면서 그 발버둥 때문에 손바닥에 생기고 터지던 기억이 선연할 뿐 아니라 지금도 "내 손바닥에 생긴 작은 생채기에서 / 부푼 송아지 목덜미를 본다"고 할 정도로 송아지의 멍에와 자신의 멍에를 함께 들여다보기도 한다.

그 멍에를 숙명처럼 쓰고 오는 길 위에서는 사람과 사람 사이의 '사랑'이 가장 소중한 덕목德目이었을 것이지만, 그 밝음과 어둠은 피할 수 없이 엇갈릴 수밖에 없었고, 언제나 목마르게 했을 것으로도 보인다. 달빛에 빗대 아름다운 사랑을 추구하는 「달빛사랑」과 산불에 탄 갈참나무를 끌어들여 그 좌절감을 떠올리는 「산불」은 대조적인 시각으로 '사랑'을 노래한 시다.

너에게
사랑한다는 말로는
다 담아낼 수 없는 마음을
이슬에 씻은 대소쿠리에 차곡차곡 쌓아
내 창가에 걸어 둔다

<중략>

아직은 우리가
사랑할 수밖에 없음에 기뻐하는 그대여

명주실 타래처럼 긴긴
달빛 풀어내어 조금씩
더 조금씩 먼 방패연 당기듯

네 문을 열고 내게 깃들어 주기를

— 「달빛사랑」 부분

사랑이 아름답다는 말은 시뻘건 거짓말
내 생각에, 타버린 네 가슴은
그 잿빛 하늘 광풍 속에 애써 죽지 않으려고
타지 않고 살아남으려
마지막 푸른 핏빛 다 토하는

— 「산불」 부분

「달빛사랑」은 형언하기 어려울 정도의 사랑하는 마음을 곡진하게 그리면서 그 성취를 향한 기다림을 노래하고 있으며 서로 사랑할 수밖에 없는 '밝음'에 주어지고 있다면, 「산불」은 무화될 수밖에 없는 사랑에 안간힘을 쏟는 '어둠(그늘)'에 무게가 실려 있다. 이 극명하게 대비되는 두 빛깔의 사랑은 '나'와 '너' 사이에 상존常存하는 사랑이라는 점에서 주목해 보지 않을 수 없다. 그러나 시인은 전자의 사랑을 갈구하며 기다리고 있을 것임은 두말할 나위가 없을 것이다.

그래서 그럴까. 시인은 과메기의 고장인 구룡포로 무대를 옮겨 "사랑한다는 것은, 진정 / 절망조차 함께 꿰어지는 것"(「구룡포 연가」)이라고 역설하는 데까지 아나간다. 더 나아간 「사랑의 인사」에 이르면 아름다운 사랑을 꿈꾸며 품안에 끌어안고 끊임없이 반추한다. 영국 작곡가 에드워드 엘가(1857~1934)와 그의 아내 캐롤라인 앨리스 로버츠의 사랑 이야기를 우리나라의 당시 정황까지 삽입해 길게 서술하면서 그들의 지극한 사랑을 흠모하고, 명곡 '사랑의 인사'를 애청하는 심경을 펼쳐내 보인다.

널리 알려져 있는 바와 같이 이 시의 주제가 되고 있는 '사랑의 인사'는 엘가가 1888년 피아노곡으로 작곡했다가 그 이듬해 관현악곡으로 편곡한 이래 다양하게 편곡되면서 널리 사랑받고 있는 명곡이다. 귀족 출신인 앨리스는 가족의 반대를 무릅쓰고 신분이 낮은 엘가와 결혼해 훗날 엘가가 유명한 작곡가로 자리매김할 수 있도록 헌신적으로 도왔으며, '사랑의 인사'는 약혼 당시 앨리스에 대한 사랑과

존경하는 마음을 담아 작곡한 것으로 전한다.

애절한 선율이 밀어 올리는
꽃마차 바퀴 소리가 오늘을 길게 흔들어 놓는다
내 첫사랑의 울림인 양
귓속 달팽이관 터널에 흘러드는 아침 햇살,
엘가와 엘리스는 오늘의 우리 집 꽃밭에서도
식지 않는 사랑의 인사를 한다

—「사랑의 인사」 부분

이 시집에서 가장 긴 이 시의 마지막 연에서 시인은 이같이 '사랑의 인사'가 자신의 첫사랑의 울림으로 승화시키며 듣는가 하면, 귓속으로 흘러드는 그 애절한 선율을 아침 햇살과 포개어 그들의 식지 않고 아름다운 사랑이 자기 집 꽃밭에서도 인사를 하는 것으로 묘사하고 있다. 이는 엘가와 앨리스의 사랑에 대한 헌사이면서 자신의 사랑으로 끌어당기는 사랑 노래라 할 수 있다.

시인의 이 같은 사랑의 마음은 겸허하게 마음 비우고 자연과 화해하고 교감하면서 너와지붕 산막山幕과도 같은 집짓기로서의 시의 길을 가려고 하고 있는지도 모른다. 그의 「어떤 길」의 뒷부분을 인용하면서 그의 시가 거듭 진화하고 널리 사랑받을 수 있기를 바라마지 않는다.

부리 짧은 뱁새의 울음조차 나뭇가지 사이로
몽땅몽땅한 시구를 마구 뿌려
햇빛과 뒹구는 푸른 길을 맨발로 걷고 싶었다

흘러내린 말들이 가지 끝에 풍경으로 매달려
이제는 돌아누운 저 노구
마을 앞 이백 년 노송 검은 둥치 속
내 등뼈가 굽은 서까래로
메주인 양 주렁주렁 삭고 있는,

길 위에서 길을 다 잃어버리는
너와지붕 산막 한 채쯤 갖고 싶다

—「어떤 길」 부분